CRIPTOMONEDAS

La nueva Economía Digital

LuisRafael Pereira-Berti

Criptomonedas
La nueva Economía Digital
© LuisRafael Pereira-Berti

Primera edición, julio 2018

ISBN: 978-980-18-0185-6
Depósito legal: DC2018001313

Coordinación editorial: Javier Cedeño
Edición: Keyla Brando
Asistentes de edición: Benjamin Tobelem, Isaac González

*A Satoshi Nakamoto, si existe; si no existe, a los genios
que desarrollaron la teoría de blockchain.*

*A Jim Rohn, mi maestro en comunicación efectiva y
filosofía de vida.*

*A Rafael S. Pereira Vera, mi padre, el vendedor más
grande del mundo. Me enseñó el oficio desde que tenía
12 años hasta el día que se fue a la mejor vida.*

*El bitcoin no es dinero de internet,
es el internet del dinero*

Andreas Antonopolous

PRÓLOGO

Conozco a Luis desde hace poco, pero lo aprecio mucho. Es un buen amigo y un venezolano cabal. Buena falta que nos hace ciudadanos así.

En mi reciente tarea como coordinador de la materia interescuelas de la Facultad de Ciencias Económicas y Sociales de la Universidad de Carabobo sobre "Gerencia y finanzas de las criptomonedas y los criptoactivos" hallé en él mi mejor guía. Un apoyo, por lo demás, muy bien valorado por los muchos cursantes y asistentes de la tan productiva como exitosa experiencia.

Su don de gente, liderazgo, poder motivacional, curiosidad por las múltiples posibilidades y los beneficios de la criptoeconomía, concepto y práctica de formación de equipos, junto con su seguridad en los asuntos que domina, fueron de altísima utilidad en la innovadora actividad que avanzamos en el primer semestre de 2018.

La criptoeconomía es hija de una profunda y promisoria disrupción, y uno de sus grandes impulsores es Luis. Esta opinión la comparten los seiscientos asistentes que tuvimos en nuestras sesiones sabatinas. De un salón de clases estándar, pasamos a uno protocolar más grande, pero tuvimos que incorporar muchas más sillas. Después nos mudamos al auditorio de la facultad. Y, a veces, hubo gente de pie y en las afueras. No solo influía el interés de los venezolanos por el tema, sino la calidad y la variedad de los ponentes.

Nuestra universidad se siente agradecida con él. La materia lo reconocerá como uno de sus fundadores. Los profesores tienen en Luis un nuevo amigo y un embajador itinerante. Con él contamos para nuestra cruzada a favor de la exploración y el desarrollo de este nuevo campo de conocimientos.

Criptomonedas. La nueva Economía Digital, de un comprometido practicante, es un libro que recomendamos ampliamente. Sabemos que será exitoso, como deseamos que sea la evolución de la disciplina en Venezuela. La criptoeconomía es una ventana de oportunidades para los venezolanos.

José Ángel Ferreira[1]

---

[1] Vicerrector Administrativo de la Universidad de Carabobo. Fue decano de Economía (2000-2008) en la misma casa de estudios y actualmente coordina la cátedra Criptoactivos.

ADVERTENCIA

No soy ni asesor financiero, ni economista, ni ingeniero en Sistemas, ni tampoco estudié Ciencias de la Computación. Soy un comunicador, un vendedor de ideas, pero ante todo un educador.

Tenía muchos años que un tema no me dejaba dormir. Es cierto, una vez que el gusanito de las criptomonedas te muerde, no puedes conciliar el sueño porque siempre estás pensando en todo el abanico de posibilidades que te abre esta nueva economía digital: negocios, inversiones, democratización del dinero, entre otros. No es poca cosa lo que voy a decir, pero estamos ante *el internet del dinero*.

Ahora bien, como todavía todo es muy prematuro, aún hay temas que están a prueba. Si usted decide hacer una inversión en criptomonedas, alguna tecnología blockchain o de cualquier otro tipo, primero debe asesorarse.

Sea responsable de sus propias decisiones. No respondo por su inversión. Disculpe por adelantado si sueno rudo, pero el dinero es un tema delicado. Solo dígale a un amigo que le muestre su cuenta corriente o su cartera de criptomonedas a ver qué cara le pone.

Invierta exclusivamente en cosas que entienda o en las que esté dispuesto a arriesgar un poco de dinero. De lo contrario, le sugiero que haga lo mismo que yo: estudiar mucho antes de entrar a un mercado nuevo.

Soy un educador, por eso me encanta compartir lo aprendido con otros. Creo en el criterio: "El sanador debe estar sano". ¿Por qué? Porque el hecho de dar pone en marcha el proceso de recibir.

Me gustan las nuevas tecnologías. Cuando leí por primera vez las palabras blockchain y bitcoin, no sabía que iban a influir en mi vida de esta manera.

Tengo algún tiempo investigando sobre dichas tecnologías, hasta el punto de vivir de ellas. Es por eso que me atreví a escribir mis experiencias y traducir al español todo lo que he podido absorber del internet, las conferencias, las personas que he conocido y de mis propios éxitos y errores.

INTRODUCCIÓN

Mi misión

Quiero ayudar a salir de la crisis a un millón de personas, a través de la Educación Financiera y el correcto uso de las DLT[2] y las CM[3].

Transformar los paradigmas

En este camino me he tropezado con paradigmas que he debido transformar para poder seguir. Esas transformaciones, junto con mis valores, son la base para avanzar tanto en mi carrera como en mi vida.

No pretendo ser maestro de autoayuda, *coach* o gurú. Solo comparto lo que a mí particularmente me ha funcionado. Lo que quiero es apoyarte y ofrecerte este punto de vista.

Eres la persona más importante de tu vida

En un avión comercial una de las instrucciones que da la azafata es: "En caso de una descompresión, colóquese usted primero la mascarilla para que pueda respirar, luego ayude a su acompañante".

---

[2] DLT en sus siglas en inglés significa: Distributed Ledger Technology. En español: Tecnología de Registro Distribuido. Ver el Glosario.

[3] CM son las siglas para abreviar Criptomonedas. Ver el Glosario.

En mis conferencias siempre formulo esta pregunta: "¿Quién es la persona más importante de tu vida?". Luego de escuchar: mi esposa, mi madre, mis hijos, etc... Les hago caer en cuenta de que lo más importante son ellos mismos. Si yo estoy bien, puedo ayudar a mi esposa, mis padres, mis hijos, mi comunidad... Pero si me siento mal, no puedo hacer mucho por los demás.

Lejos de ser egoísta, esta teoría es de supervivencia. Si tú estás bien, todo está bien.

Si no tienes un plan, alguien tendrá un plan para ti

Jim Rohn, uno de mis maestros, me dijo, cuando tuve la oportunidad de ser su traductor simultáneo en Caracas, una frase que se me quedó marcada en la mente: "Siempre pregunto cuál es el plan y trato de escoger los que vayan alineados con mi proyecto". Basta que uno esté sin plan, para que alguien más te ponga en sus planes, y la mayor parte de las veces son desvíos de tu propio proyecto.

Tener un plan es un primer paso, pero recuerda que un plan sin acción no es más que una mera ilusión, hay que actuar.

El sanador debe estar sano

Antes de arrancar con las conferencias y los cursos, recordé esta gran frase: "El que trabaja y recomienda las CM, debe conocer, usar y ganar en CM". Así que me propuse lograr tener un pequeño ingreso en CM. En el proceso he perdido y ganado, pero lo importante es que siempre estoy probando nuevas aplicaciones, leyendo como loco miles de proyectos, viendo tutoriales... El sanador debe estar sano: nuestro discurso debe ser coherente con nuestras acciones.

Ley de Pareto 80 / 20

En la escuela nos enseñan a odiar las matemáticas, pero luego nos damos cuenta de que sí son bastante útiles: el 80% de los resultados lo da el 20% de los clientes. El 20% de las personas que asisten a mi conferencia comprenden el 80% de la información, y así sucesivamente, es una ley, como la gravedad.

Si hablamos de economía, he constatado que el 80% de los problemas cotidianos puede resolverse con dinero. Sí, sé que es duro. Como me decía un buen amigo: "El dinero no te da la felicidad, pero te deja en la esquina".

CAPÍTULO I

HISTORIA

Dinero

Se dice que el dinero es la invención más antigua. Al descifrar algunas de las primeras escrituras, se logra leer algo así como: "Pedro me debe tres ovejas" o "María me debe tantas otras cosas". El dinero forma parte de nuestra naturaleza.

Ahora te pregunto: ¿es esa verdaderamente la fuente de la maldad? Yo pienso que no. Hay gente mala con dinero, pero también hay gente buena con dinero.

El dinero es una herramienta, como los utensilios de cocina, que se usa para comodidad o sobrevivencia, pero también para oprimir y segregar a una comunidad. Yo lo veo como un amplificador: si tú eres una mala persona con mucho dinero, te puedes transformar en un monstruo; en cambio, una persona con valores, si llega a tener mucho dinero, podrá hacer maravillas en este mundo.

Más allá de la filosofía y el romanticismo, yo pienso que el 80% de los problemas cotidianos puede resolverse con dinero. Lo grave es cuando tenemos otros tipos de problemas (ese 20% restante), que no tienen nada que ver con el dinero.

Tiempo libre

Al final todos buscamos casi lo mismo, una vez que descubrimos la dura realidad: tiempo libre. El dinero puede solventar muchos problemas aburridos. Entonces, ¿qué harías con el tiempo restante? Emplearlo en lo que más te guste: pasar el rato con los amigos y la familia, practicar algún deporte o lo que quieras. El punto es que no vas a estar preocupado por las cuentas.

¿Si percibieras mensualmente más de 100.000 dólares, qué restaurante escogerías para cenar o cuál país visitarías?

Funciones del dinero

Unidad contable

El dinero sirve como medio contable: podemos adjudicarle un valor a cada cosa material (muebles o inmuebles) o inmaterial (licencias, derechos de autor, patentes) para hacer un inventario y calcular el valor neto (*net worth*) de una empresa o una persona natural.

Medio de intercambio

Sin la invención del dinero sería difícil comercializar bienes y servicios, ya que el trueque tiene muchas limitaciones. El dinero sirve como medio de intercambio para comprar y vender mercancías. El precio de esta mercancía es asignado por el mercado a través de la oferta y la demanda, y se establece en una moneda determinada.

Las monedas, a su vez, se pueden intercambiar entre sí. Eso es precisamente lo que hace el mercado Forex[4], uno de los negocios más rentables del mundo.

Guardar valor

El dinero tiene la característica de preservar valor por periodos medianos y largos, o por lo menos es una de sus funciones. Aquí es donde viene el tema delicado: dada su naturaleza, las monedas de curso legal, controladas por bancos centrales o instituciones gubernamentales, tienen el detalle de la famosa inflación. ¿Qué es la inflación? La natural reacción del mercado a la creación de dinero de manera inorgánica[5].

Es más difícil resguardar el valor de una moneda si tiene carácter inflacionario. Lo más común es que la inflación sea de un dígito o menos anual. En Estados Unidos y la Unión Europea se sitúa por el orden del 1 al 3% anual. De un lustro a otro no se nota mucho la diferencia, pero al hacer un análisis más largo, ciertas monedas han perdido su valor de compra en pocas décadas de manera significativa.

Dinero vs. Moneda

Son casi sinónimos: ambos conceptos tienen las mismas características, pero luego de no pasar por la prueba de guarda de valor por un tiempo razonable, las monedas quedan relegadas detrás del dinero. En otras

---

[4] Su principal objetivo es facilitar el cambio de monedas tradicionales (monedas *fiat*): dólares, euros, yenes, rublos, entre otros.

[5] El dinero inorgánico no está respaldado por las reservas internacionales. Es inflacionario porque aumenta la masa monetaria y la falsa sensación de tener más poder adquisitivo.

palabras, el dinero sería el oro y la plata: los *commodities*[6] que guardan valor por un periodo considerable, hablemos de años.

En mis conferencias he empezado a usar un ejercicio que ideó Mike Maloney[7]: comparo varias monedas y luego pregunto: "¿Cuál le dejarías a tus nietos, pensando que tendrá valor en 100 años: una moneda de plata o una de euro?". He allí la diferencia entre dinero y moneda: el primero es guarda de valor, por mucho tiempo; en cambio, la segunda, así le llamemos moneda dura, puede desaparecer.

La confianza[8] es la base de nuestras monedas *fiat* (monedas tradicionales). Le pregunté a un grupo de contadores y economistas sobre la base de estas monedas y todavía algunos de ellos creen que es el oro u otro *commodity*, pero la verdad es que no hay tanto oro como para validar esa masa monetaria.

---

[6] Los *commodities* son bienes homogéneos. Tienen valor o utilidad, y un muy bajo nivel de diferenciación o especialización.

[7] Asesor de Robert Kiyosaki, fundador, consejero delegado y accionista mayoritario de Cashflow Technologies, corporación poseedora de las licencias para la marca Padre Rico / Padre Pobre.

[8] La confianza en la economía estadounidense es lo que hace que el dólar sea la moneda global. Ahora bien, dicha moneda no está respaldada en oro porque el 15 de agosto de 1971 el entonces presidente de EEUU Richard Nixon anunció que desligaba "temporalmente" al dólar de su respaldo en oro y hasta la fecha nunca ha sido revocada esa orden. Lo que la gente no sabe es que desde esa fecha el gobierno norteamericano ha impreso millones de billetes, los ha inyectado al mercado y ha subido la inflación.

Transformaciones del dinero

A lo largo de la historia se ha escuchado la frase: "Eso no es dinero". Con todo el auge de las criptomonedas esas palabras han vuelto a resonar en nuestras cabezas. Sin embargo, antes de precipitarnos a tomar una conclusión, sería bueno conocer un poco sobre las transformaciones que ha sufrido el dinero. Veamos cómo pasamos del trueque a las monedas virtuales.

Trueque

Obviamente todo comenzó cambiando peras por manzanas, gallinas por sacos de arena y así sucesivamente. El trueque, aun hoy en día, existe en muchas culturas, sobre todo en las más antiguas. Pero a algún genio se le ocurrió la brillante idea de asignarle un valor a cada cosa para mercadear, vender y traspasar dichos bienes.

Monedas hechas de metales preciosos

Las monedas surgieron hace más de 5000 años y fueron usadas por las antiguas civilizaciones: los egipcios, los fenicios y los romanos. Los detalles en sí se los dejo a los historiadores y los arqueólogos. Lo importante en nuestro caso es ver cómo se transforma la sociedad gracias a esta invención: un artículo creado para ser transportado fácilmente sirve de unidad contable, se emplea en los intercambios, guarda un valor (por eso estaba hecha con metales preciosos), es aceptada por todos, pero, a su vez, es escasa.

Papel moneda

Se le da crédito a algún descendiente de Gengis Kan[9], podría ser Kublai Kan[10], la creación del primer certificado hecho en papel moneda y sustentado en sus reservas de oro. Probablemente un mercader extranjero se rehusó en su momento a aceptarlo, alegando que eso no era dinero. Me gusta pensar, a modo de leyenda, que al cortarle la cabeza a ese primer incrédulo, los demás no tuvieron otra opción sino recibir esta inusual forma de pago: un papel con un sello y la firma del gobernante, válido por...

Cheques

Los cheques también transformaron una generación. Cuando nace una nueva tecnología, como en el caso anterior del papel moneda, aparecen las trampas. Con el fin de resguardar la seguridad de los clientes, la banca creó "los cheques de viajeros", especialmente para impulsar el turismo. American Express fue el pionero en esta área. De seguro algún visitante quiso pagar con uno de estos cheques y el comerciante se lo habrá rechazado porque "eso no es dinero". ¿Ya habíamos escuchado esta frase, no? Sin embargo, después de la polémica, llegó la aceptación.

---

[9] Gengis Kan fue un guerrero, conquistador y fundador del imperio mongol.

[10] Kublai Kan era el nieto de Gengis Kan. Fue el último emperador de Mongolia y primer emperador chino de la dinastía Yuan.

Tarjetas de crédito (TDC)

Las tarjetas de crédito marcaron un antes y un después en la economía. No solo trajeron beneficios, sino muchos problemas para las familias. Actualmente existen tratamientos psicológicos para las personas adictas a su uso, que se ven obligadas a recibir ayuda porque gastan mucho más de lo que ganan y luego no pueden saldar sus deudas. Pero, en general, esta innovación tecnológica, junto con los chips y los cajeros automáticos, abrieron un mercado donde antes no había: la compra de televisores con tus TDC, la venta por catálogos, suscripciones a revistas especializadas y para usted de contar...

Moneda virtual

En la segunda mitad de la década de los noventa surge el internet, el gran cambio de la humanidad. La banca crea las bases de datos de sus clientes y se emplea la moneda virtual en las transacciones financieras. El uso de esta moneda inorgánica era mucho más sencilla: ahora el saldo de cuenta estaba disponible a través de la web.

CAPÍTULO II

BLOCKCHAIN Y BITCOIN

El comienzo de todo

Las criptomonedas nacieron a finales de 2008 y comienzos de 2009. Bitcoin fue la primera de ellas. Ahora, después de 10 años, puedo decir que yo también nací de nuevo en esos años: superé la batalla contra un cáncer, LDH (linfoma de Hodgkin) para ser más específicos. Gracias a Dios, a la medicina moderna y a mi familia, salí victorioso de ese reto.

Nunca me iba a imaginar la importancia de este invento para la vida de millones de personas. ¿Quién fue el genio? Satoshi Nakamoto (quien parece que nunca ha existido, sino que es un personaje ficticio) comparte en internet un *White Paper* de solo nueve páginas. Un *paper* (o artículo) se utiliza para divulgar las investigaciones de los intelectuales alrededor del mundo. En este caso se empleó para compartir la teoría del bitcoin y su lugar en la economía. A continuación el resumen de dicho artículo:

Bitcoin: un sistema de dinero electrónico persona a persona

Una versión simple y pura de dinero electrónico, persona a persona, va a permitir pagos en línea, enviados directamente de un usuario a otro, sin la participación de una institución financiera intermediaria de confianza.

Las firmas digitales proveen parte de la solución, pero el beneficio principal no tiene sentido, si existe un tercero confiable para prevenir el Doble Pago.

Nosotros proponemos una solución para el problema del Doble Pago: una red de persona a persona.

La red sella el tiempo de las transacciones a través de un sistema de eslabones que luego coloca en una cadena de bloques, basada en esos mismos eslabones, formando un registro que no puede ser cambiado sin volver a recrear la cadena de bloques.

La cadena de bloques más larga no solamente sirve como prueba de la secuencia de eventos atestiguados, sino que además da fe de que proviene de la piscina más larga de poder de procesamiento.

Mientras la mayoría del poder de procesamiento esté controlada por nodos que cooperen entre sí y no ataquen la red, generarán cadenas más largas y podrán prevenir y escaparse de los ataques.

La red requiere en sí misma una estructura mínima. Los mensajes se envían sobre la base del mejor esfuerzo y los nodos pueden irse y volver de la red según su deseo, simplemente aceptando la cadena de bloques más larga como prueba de consenso mientras estuvieron fuera de la red.

Sí, puede que ese resumen te suene a chino, pero no es necesario que lo comprendas perfectamente para poder usar un bitcoin. Cuando prendes tu carro no te preguntas cómo es la combustión interna del motor, lo único que quieres es que te conduzca de un punto A hasta un punto B. Ahora bien, una vez que te adentras en este mundo, te das cuenta de la genialidad de Satoshi Nakamoto (o quien sea que ideó este artículo).

El autor trata de brindar una solución a dos problemas fundamentales de la economía relacionados con la seguridad en las transacciones. Mi maestro Jim Rohn decía: "Mientras más grande el problema, más grande es la recompensa". Veamos cuáles eran estas dos piedras en el camino: la unicidad y el consenso.

Unicidad - Doble Pago/ *Double Spend*

La transferencia de algo de valor a través del internet ha sido un problema sin solución... hasta ahora. Todos los archivos digitales (una foto, un archivo de Excel o una canción en Mp3) pueden copiarse de manera idéntica. No es algo legal, pero es una realidad.

Si vas a una tienda a comprar una pelota de fútbol y pagas con efectivo, el cajero valida la cantidad de billetes y te entrega el producto. No hay manera de que puedas volver a usar ese mismo dinero en otros establecimientos. ¿Pero qué pasa con el dinero virtual? Podrías hipotéticamente usar ese mismo dinero en dos comercios, allí es donde comienza a funcionar la tecnología a nuestro favor.

La red de blockchain, la que se usa para el intercambio de bitcoins, trabaja sobre la base de un *Time Stamp*[11]. Las operaciones que se hacen primero tienen prioridad sobre las otras. En el caso de que queramos transferir esa misma moneda a dos cuentas diferentes, por ejemplo, esta marca temporal solo valida la primera transacción; la segunda, al ser fraudulenta, no se confirma y se desecha.

En la red de blockchain se espera seis bloques para confirmar una operación muy importante. Cada bloque dura 10 minutos, por lo que en total debemos aguardar 60 minutos para procesar un pago. Es virtualmente imposible o muy costoso, en tiempo y esfuerzo de procesamiento, reversar las operaciones.

Imagina que quieres transferir algo muy valioso: la titularidad de un vehículo, las acciones de una empresa o grandes cantidades de dinero. Por supuesto que debes pensar en la seguridad. Pues te tengo buenas noticias: con la criptografía y la red de blockchain se logró con éxito enviar un paquete de información sin dejar copia. El sistema de las llaves (privadas y públicas) ayuda a blindar este proceso. Más adelante explicaré qué son estas llaves y cuáles son sus beneficios.

Consenso / los generales bizantinos

Un grupo de generales bizantinos busca sitiar una ciudad por sus cuatro flancos. Para lograr su objetivo deben atacar al mismo tiempo. Lo difícil es enviar la señal sin que los mensajeros sean atrapados por los ene-

---

[11] *Time Stamp* o marca temporal es una secuencia de caracteres que denota la hora y la fecha (o alguna de ellas) en las que ocurrió el evento.

migos o, peor aún, vendan la información. Básicamente es un problema de consenso: no confiamos en ellos y ellos no confían en nosotros, pero debemos llegar a una solución, si queremos alcanzar nuestro cometido.

Esta incómoda situación se resuelve a través de la red de blockchain: todos los datos que pasan a través de ella son de acceso público porque trabaja en consenso, tanto tú como el otro están al tanto de lo que sucede.

Si bien no se ha llegado a la perfección (una red totalmente blindada es muy difícil de alcanzar porque tiene que lidiar con el consenso y el factor tiempo), las operaciones de la red bitcoin son seguras, siempre y cuando guardes tus llaves en un lugar privado (no en la bandeja principal de tu correo o en la computadora del trabajo).

Estas tecnologías de distribución son usadas actualmente para transferir dinero, pero su plataforma ofrece mucho más. Vamos a hacer una comparación con el internet: al principio solo se empleaba para intercambiar correos, pero su alcance ha sido exponencial. A manera de anécdota recuerdo que en cuando estudiaba en la Universidad Simón Bolívar, en 1991, solo un profesor tenía correo electrónico. Diez años después el panorama es otro. Para algunos ha implicado el fin de sus negocios, pero para otros un nuevo comienzo.

Tecnologías disruptivas

Las DLT y las CM no buscan destronar reyes ni destruir empresas, pero su presencia incomoda a las grandes corporaciones. En la historia podemos ubicar otros ejemplos de estas tecnologías: el vehículo a motor versus la carreta, la televisión por cable versus la tiendas de alquiler de VHS, Nokia versus Kodak...

El Estado monopolio

Monopolio de la fuerza pública
El Estado controla los organismos de seguridad de un país. Si bien ha habido intentos de privatizar esta fuerza o prescindir de ella, como en el caso de Costa Rica, este no es el denominador común.

Monopolio de la justicia
El Estado hace las leyes y las aplica. En el mundo hay sistemas más avanzados que otros, algunos ligados con las creencias religiosas. Pero, en fin, todos están bajo una autoridad central.

Monopolio de la moneda
La fabricación y la distribución de las monedas es una atribución del Estado. Algunos países han decidido implementar otras monedas, como en Panamá o Ecuador con el dólar estadounidense, o la Unión Europea con el euro. Ahora bien, el nacimiento de las criptomonedas ha cambiado este monopolio. Es solo cuestión de tiempo para que una masa crítica de personas se vea tentada a usar este nuevo método de intercambio de valor.

DLT y blockchain
A lo largo del libro te he hablado de las DLT y el blockchain, pero en este apartado profundizaré en su definición y su alcance.

Una DLT es una base de datos que gestionan varios participantes. No existe una autoridad central que ejerza de árbitro y verificador. A diferencia de los sistemas tradicionales de intercambio de valor, estas operaciones son públicas; solo los usuarios tienen seudónimos y están en el anonimato. Detrás de esta nueva tecnología hay un trasfondo técnico, pero nuestro propósito no es ahondar sobre estas especificaciones. Lo que sí quiero destacar son las soluciones que las DLT pueden aportar.

Las DLT fueron creadas para la transferencia de valor dentro una red P2P (*person to person* / persona a persona), sin la intermediación de un árbitro central. Por ahora trabajamos únicamente con las transacciones de dinero, pero su alcance es mucho más amplio.

DLT médica

Imagina que el historial médico (talla, peso, alergias, patologías) de una persona esté disponible en una red DLT. Todo en una base de datos replicada en miles de dispositivos, inmutable, descentralizada, donde el acceso sea solo informativo. Se puede agregar información, pero no modificarla, a menos que se llegue a un consenso, según las reglas que se implementen. Un médico puede estar en otro país, entrar a tu historial, leerlo en su idioma y llegar a un diagnóstico. Solo los especialistas añadirían información, por ejemplo.

DLT inmuebles

Todos los inmuebles de una ciudad en una red DLT. Las dimensiones, el historial de compra y venta, la ubicación, la fecha de construcción. De esta manera las transacciones serían mucho más rápidas y lo más importante: se podría verificar el título de propiedad de forma segura.

DLT gubernamental

Países como Estonia crearon una DLT para subir la información de sus ciudadanos. Incluso se podrían hacer votaciones, análisis estadísticos, verificar enfermedades endémicas... los beneficios son innumerables.

DLT logística

Se puede subir toda la cadena de producción y distribución de un producto. Dónde fue hecho, cuáles son sus partes, quiénes sus proveedores, qué tipo de químicos usaron, costos de fabricación.

DLT mecánica

El mantenimiento de una maquinaria (barcos y aviones, por ejemplo) deben hacerse correctamente para evitar fallas. Para ello se sube a la red cómo se reemplaza una pieza, quién la fabrica, cuándo debería cambiarse.

Blockchain (BC)

Es una cadena de bloques[12] creada para transferir originalmente bitcoins. Es la primera que ha logrado exitosamente hacer una transacción a través de una red de registro distribuido (DLT). En diez años de funcionamiento no han podido descifrarla (¡y vaya que lo han intentado!). Por supuesto, si uno quiere transferir algo de valor por medio de una red pública, siempre habrá una persona malintencionada con ganas de desviar el proceso.

---

[12] *Block*: bloque / *Chain*: cadena.

El *White Paper* de bitcoin ofrece una serie de soluciones para los posibles ataques. Internamente pueden existir nodos con intención de sumar poder de consenso y desvirtuar la concepción original de la red. Hoy en día estas fallas se conocen como una "bifurcación" o "*fork*" en inglés.

Externamente enfrentamos los hackeos. Para prevenirlos la DLT usa las pruebas de consenso y la criptografía. Ahora bien, si Enigma (la criptografía de los nazis) fue descodificada, en algún momento alguien también podría desencriptar una red de bitcoin. **Pero es muy, muy difícil**. Una vez escuché a un seguidor de las CM hablar sobre este peligro: "Suponiendo que el resultado final de la red es producir en nugget de pollo, tratar de desencriptar la red es como desmenuzar ese nugget y armar de nuevo el pollo".

Fases de las DLT

Fase 1. Blockchain de bitcoin
(Año 2009 / Versión 1.0)
Registro distribuido a través de una red bastante sencilla, pero con problemas de escalabilidad. Te explico: actualmente solo puede procesar unas cien o doscientas transacciones por segundo, mientras Visa o MasterCard realizan 20.000 operaciones por segundo. En mi opinión esta red no fue diseñada para lidiar con un alto flujo de transacciones.

Fase 2. Contratos inteligentes de ethereum
(Año 2015 / Versión 2.0)

Surgen las monedas alternativas (altcoins). La primera de ellas es ethereum, que viene acompañada por los "contratos inteligentes". Su fundador es Vitalik Buterin, un joven de 24 años, que abandonó la Universidad de Waterloo y se dedicó por completo a su empresa. Se cree que también es uno de los creadores de las bitcoins y de la primera red blockchain.

Fase 3. La plataforma Cardano y su criptomoneda ADA
(Año 2017 / Versión 3.0)

Cardano es una nueva plataforma y protocolo completo de blockchain con su propia como criptomoneda: ADA. Trabaja con contratos inteligentes y busca resolver el problema de la estabilidad, interoperabilidad, sustentabilidad y gobernanza. Otras monedas similares son EOS y Ziliqa.

Fase 4. Hashgraph, una nueva manera de consenso
(Año 2018 / Versión 4.0)

La plataforma Hedera Hashgraph plantea un nuevo sistema de consenso, a diferencia del blockchain, mediante el "sistema de votación virtual" y el "sistema de chisme" (*gossip*). Sus creadores afirman que pueden ejecutar cerca de 500.000 operaciones por segundo, totalmente verificadas y con un bajo costo energético. Uno de sus aportes es "confianza": una lista digital de transacciones, distribuida por toda la red y compartida por miles de computadores alrededor del mundo. ¿Cómo funciona? En una misma hoja de cálculo se guarda cada operación en un asiento, dicho cambio se sincroniza automáticamente en todas las hojas y se llega al consenso de forma matemática, no P2P.

CAPÍTULO III

CRIPTOMONEDAS

Definiciones

Todavía no hemos llegado un consenso para unificar el concepto de las CM. Han pasado 9 años desde su invención y el proceso ha sido largo y tedioso. A continuación les presento varias definiciones.

Mi definición

Es un valor digital, intercambiable a través de una DLT, que se puede transferir de persona a persona, sin la intermediación de un árbitro o autoridad central. Las CM fueron previamente programadas con sus características básicas, establecidas en su respectivo *White Paper*, por ejemplo: las unidades que se van a crear, si se puede minar, los algoritmos, en qué países se puede usar, entre otras.

Wikipedia (Inglés) Cryptocurrency

Es un activo digital diseñado para trabajar como medio de intercambio. Usa la criptografía con el fin de asegurar las transacciones, controlar la creación de nuevas unidades y verificar la transferencia de activos.

Wikipedia (Francés) Cryptomonnaie
También criptoactivo, criptodivisa o moneda criptográfica. Es una moneda digital que se utiliza a través de una red informática descentralizada, de usuario a usuario.

Investopedia
Es una moneda digital o virtual que usa la criptografía por seguridad. No está creada por ninguna autoridad central, por ende es inmune, en teoría, a la manipulación o interferencia de alguna nación.

Diccionario de Google
Es una moneda digital que usa técnicas de encriptación para regular la generación de nuevas unidades y verificar la transferencia de fondos. Opera de forma independiente de un banco central.

Tipos de CM

Podemos dividir las CM en tres tipos de acuerdo con su algoritmo o su diseño y el tipo de prueba o comprobación:

Proof of Work (PoW) / Prueba de trabajo
Funcionan sobre la base de trabajo de procesamiento de datos o encriptamiento, generado por una computadora a través de un proceso de crear un bloque encadenado de hash.

Proof of Stake (PoS) / Prueba de tenencia
Hay monedas que para lograr mayor estabilidad cuentan con unos participantes, llamados nodos, que guardan una cantidad cuantiosa de monedas y pueden formar parte de la toma de decisiones de la red.

Combinación de las anteriores
Por ejemplo el ethereum: se mina (PoW) y se almacena (PoS).

Bitcoin (BTC)

Es la primera CM. Fue creada por Satoshi Nakamoto en 2009. Permite el traspaso de valor de un usuario a otro a través de una DLT (en este caso el blockchain), de manera segura, inmediata, baja en comisiones y sin intermediarios.

Las operaciones son auditables, pero no tienen el famoso sistema KYC[13], es decir, el punto de salida y de llegada del valor son anónimos. Esta parte es la que ha despertado mayor preocupación en los gobiernos, sobre todo por el tema de la evasión fiscal. Los entes regulatorios deberán estar más atentos porque esta tecnología llegó para quedarse.

Actualmente se están creando sistemas para lograr regular las CM. Sin embargo, su funcionamiento P2P (usuario a usuario) deja al banco en desventaja por primera vez en cientos de años.

---

[13] KYC: *Know Your Customer* / Conoce a tu cliente. Son los controles que emplea una entidad para conocer a sus clientes: a qué se dedican y de dónde proceden sus fondos para evitar blanqueo de capitales, terrorismo, corrupción, entre otros.

Algunos gobiernos se han dado la tarea de crear sus propias CM para alcanzar diversos fines, como controlar el mercado de CM local. ¡Mucha suerte con eso!

Características del bitcoin

Divisible
El BTC se divide en 100 millones de partes. Su unidad más pequeña se denomina Satoshi, en homenaje a su creador. Un satoshi = 0,00000001 BTC. La mayoría de las CM usan el mismo concepto.

Finita
Solo habrá 21 millones de BTC en circulación. Para el momento de escribir este libro ya casi llegamos a 17 millones minados.

Halfing / Moneda antiinflacionaria
El BTC es una CM que se puede minar, por lo que se desarrolló en su programación lo que se denomina *halfing*, es decir, una reducción a la mitad de la cantidad de BTC que se minan a diario cada 4 años. Actualmente se minan 1800 BTC al día, en 2020 la programación dividirá a la mitad este número, lo que convierte al BTC en una moneda antiinflacionaria.

Justa
Los BTC se producen a través de la minería, gracias a un sistema de cadena de bloques construidos con los

hash o los subloques, hasta que algún *pool*[14] gana la posibilidad de generar el siguiente bloque encadenado.

Honesta y descentralizada
Las operaciones se validan a través de un sistema de consenso. La mayoría de los usuarios (y no un entre central) decide si la operación procede o no.

---

[14] Los *mining pools* son las agrupaciones de equipos mineros que se unen en una red determinada para compartir y ampliar su capacidad de procesamiento y así resolver con mayor agilidad una cadena de bloques criptográficos.

CAPÍTULO IV
¿CÓMO GENERARLAS?

Mientras escribo estas palabras, un bitcoin cuesta aproximadamente 10.000 USD, es decir, vale 10 mil veces un dólar. Toda persona que asuma la postura de obtener ingresos en las monedas más fuertes y gastar en las más débiles podrá acceder a otro nivel, otra meseta de su economía.

Uno de mis asesores habla de las fases de las tecnologías:

Adopción temprana (early adoption)
En el mundo de la tecnología existe un pequeño grupo de personas que al investigarla, descubrirla y ponerla en práctica la adoptan con premura. Existen muchas historias: el teléfono móvil (en los noventa) y luego el Blackberry (a comienzos del nuevo milenio).
Para poner un par de ejemplos personales, recuerdo haber escuchado a alguien decir que mi viejo Motorola (teléfono que llevaba a la Universidad Simón Bolívar dentro del morral, ya que me daba pena mostrarlo) sonaba muy duro y que seguro me causaría dolor de cabeza por "tener un microondas pegado a la oreja". A los *early adopters* (me considero uno de ellos) siempre les caen las críticas más duras. Si usted es uno de los míos, no se espante: es normal que las masas le teman al cambio.

Fase institucional
Cuando instituciones, compañías y empresas comienzan a adoptar la tecnología nueva de manera extensiva, empiezan a surgir oportunidades de crecimiento y expansión. Esta es la fase en la que los *angel investors* ganan y pierden la mayor cantidad de dinero, ya que arrancan proyectos para tratar de dominar el mercado que ellos creen se generará a partir de dicha tecnología.

Adopción general
Cuando el público acepta la nueva tecnología y la asume como algo normal, comienza un crecimiento regular, pero sostenido. Usualmente, en este momento, ya es más difícil entrar a hacer negocios: las posiciones están tomadas y los mercados empiezan a crecer de manera natural.

Yo siento que aún estamos en la fase institucional con respecto a las criptomonedas. También considero que estaremos allí un par de años más hasta que entremos a la fase de adopción general en 2020. Cuando en el mundo se pueda hablar con tranquilidad de cualquier DLT o BC o CM, ya estaremos en la tercera fase. No pretendo ser brujo, ni nada por el estilo, pero si estudiamos la adopción de tecnologías disruptivas como la telefonía móvil (y su penetración) veremos como las DLT podrían entrar más pronto en la fase final.

Ahora veremos las formas que he encontrado con mi equipo para generar ingresos con las CM, hasta el momento he descubierto 13, pero en este primer libro solo voy a mencionar 9:

1. Intercambio de bienes y servicios

Cualquier persona puede acceder al mercado de las criptomonedas simplemente con abrir una cartera y utilizarla como medio de pago de bienes o servicios. Los ejemplos son variados: clases de inglés o de canto, Zoom, Skype, etcétera. Todo a distancia a través de la web (y cobrando en criptomonedas).

Muchas empresas ya están aceptando BTC como parte de pago para vehículos y bienes raíces. La gente de avanzada está aprovechando. Hace tiempo escuché una oferta por un vehículo en 2 BTC. En aquel momento eran $5.000. Si hubiese aceptado, ¿cuánto tendría hoy en día?

2. Minería

La minería es el área de negocios más conocida del bitcoin. Ahora mismo hay miles de máquinas "pensando" y luchando para ganarse ese premio, ese bitcoin. Al día se minan aproximadamente 1800 BTC, eso implica un gasto energético descomunal con respecto a las computadoras que existen en la actualidad. Sin embargo, la tecnología no para y cuando usted lea esto, probablemente ya existan máquinas más eficientes, menos ruidosas y con una capacidad de procesamiento más importante.

La minería se define como el proceso mediante el cual se crean los bloques. Como ya he dicho antes prefiero evitar el Tecno-BlaBla. Cada diez minutos un minero (o grupo de mineros, llamados *pools*) recibe un premio de 12,5 BTC por minar, es decir, crear bloques mediante el poder de procesamiento de sus máquinas. Al hacer esto también ayudan a validar las transacciones entre usuarios con el famoso *fee* o las comisiones por transacción.

Existe una gran variedad de máquinas para minería, de muchas marcas, y cada día surgen tecnologías nuevas para mejorar la capacidad y bajar el ruido, el calor y el consumo eléctrico.

El Protocolo de Minería PoW de BTC genera ingresos por dos razones: la validación de transacciones entre usuarios y la posibilidad de descubrir el siguiente bloque. Tomo como ejemplo el BC de BTC. Debemos tener en cuenta, sin embargo, que el mundo de las DLT apenas está arrancando y podrán surgir otros BC que paguen dividendos por otras razones.

Mineria Física (MF)

Yo llamo MF al proceso de minar con una máquina propia, conectada de manera casera. Los requerimientos técnicos dependen de cada máquina. En el mercado actual hay varios modelos dependiendo de la moneda que uno desee minar: las máquinas ya preparadas y diseñadas para minar BTC y sus bifurcaciones; y *rigs*[15] de minería o a través de tarjetas de video, cuya función es minar *altcoins*. Incluso hay *rigs* de minería que pueden programarse para hacer *dual mining*: minar una moneda fuerte como el ETH y una débil o nueva como SIA.

Minería en granja o en la nube

Otra manera de minar es organizar una granja. Esto requiere una gran inversión porque obliga a los mineros a adquirir al menos una docena de máquinas. Esto quiere decir que también se necesita un almacén

---

[15] Ver Glosario.

lo suficientemente grande para mantenerlas. No hay límite para el tamaño de una granja: pueden haber miles de máquinas minando al mismo tiempo.

Para crear una granja hay que contar con las características apropiadas de alimentación de energía y acceso a internet, sin hablar de seguridad, accesibilidad, entre otros. *El negocio de la minería es el negocio de transformar energía en dinero.*

En el mundo ya hay países que han dado pie a la minería en granja: se sabe que en Islandia, gracias a sus económicos y renovables recursos energéticos, hay una gran proliferación de empresas dedicadas a la minería. Otros países se han dado también la tarea de promocionar este tipo de negocio, atrayendo inversiones y capitales locales y extranjeros.

Empresas que minan

Luego de la instalación de las granjas algunas de estas empresas[16] negocian por un tiempo determinado y con un contrato anual el poder de minado, *hash rate*[17], y cobran un *fee* por gastos de mantenimiento y electricidad. A mi juicio es un negocio rentable, ya que puede dar desde 8% hasta 20% mensual de ROI (retorno de la inversión). El problema, como siempre, recae en la confianza que nos genere la empresa. Algunas de ellas tienden a cambiar sus propuestas de negocios, lo cual no gusta a ningún inversionista. Investigue y hágase su propia opinión.

---

[16] Hay varios tipos de empresas: las que crean las máquinas para minar y las que compran esas máquinas y ofrecen el servicio de "minería en la nube".

[17] Ver Glosario.

3. *Trading*

El *trading* o intercambio es la compra y venta de CM en un sitio web dedicado a eso. Como es común hoy en día, la moneda base para entrar a estos mercados es el BTC. Lo primero que necesita es una buena computadora con acceso a internet y un poco de capital, pero sobre todo una educación financiera y un plan bien definido. Es un trabajo que requiere estudio previo, y aprender cuesta dinero. Sin embargo, hay que tener en cuenta que perder dinero es más costoso: la experiencia siempre queda, pero el dinero no.

En la vida hay dos clases de dolores: el primero viene del estudio y del trabajo duro; el otro viene del arrepentimiento que uno siente al no haber alcanzado lo que se propuso. Mi sugerencia es la siguiente: asista a todos los cursos que pueda, compre libros, visite blogs, explore videos en YouTube y fórmese su propia opinión al respecto. Desarrolle sus teorías y únase a grupos de discusión sobre el tema.

Un buen *trader* tiene una estructura mental determinada: los mejores que conozco son fríos y calculadores. Muchas veces, incluso, se les tilda de ermitaños y desconfiados. Lo que sí es seguro es que son una raza de seres estudiosos y matemáticos con una notable capacidad de abstracción. Cualquier interesado en el mundo del *trading* debe tener habilidades y virtudes que lo apoyen en la profesión.

Manejar el riesgo y las consecuencias de nuestras acciones es crucial. Yo, como surfista, no debería invertir mucho en *trading*, o así me recomiendan mis asesores. Sin embargo, soy muy arriesgado: he surfeado cuando hay mar de leva, marejadas y hasta en huracanes. He montado olas de 2 a 4 metros de altura. Me gusta el riesgo, pero uno solo debería arriesgarse si sabe lo que hace, dónde lo hace y cuál puede ser la consecuencia. Yo sé que equivocarme cuando surfeo puede costarme más que solo dinero: puede costarme la vida. Yo no invertiría más que lo que esté dispuesto a perder. En donde se debe invertir siempre es en libros, seminarios, eventos, educación a distancia, etc. El día que dejes de aprender comenzará el declive. El día que pienses que ya lo sabes todo empezarás a perder más dinero. Recuerden lo que dijo el sabio: "Yo solo sé que no sé nada".

Para desarrollarte como *trader* debes considerar dos tipos de análisis básicos a la hora de tomar decisiones de compra o venta:

Análisis fundamental
En el mercado de CM existen, como en todos los mercados, noticias emitidas por fuentes del área que pueden influir en la caída o el aumento del precio de una determinada CM. Hace algunos días, el presidente de Twitter afirmó que el BTC iba a convertirse muy pronto en la moneda global de mayor reputación y uso. ¿Creen ustedes que esto influyó en su crecimiento? El mercado del BTC tiene unos $300.000 millones de capitalización, pero esto no representa nada comparado con lo que mueve Forex diariamente, por ejemplo. Aún le queda mucho por recorrer al BTC y las *altcoins*.
Los *influencers* de este mercado están ligados al menos a una de estas tres áreas: tecnología, finanzas y entes reguladores públicos de los países más poderosos.

Por supuesto que siempre habrá especuladores que tratarán de manipular el mercado con informaciones falsas o poco confiables. Recuerdo que en 2017 se corrió el rumor de la muerte en un accidente de tránsito de Vitalik Buterin, fundador y líder de ethereum. A las pocas horas Buterin salió en Twitter con una prueba de vida muy característica: el último hash de ETH manuscrito (de su puño y letra) al mejor estilo KYC. Sin embargo, el daño estaba hecho: la noticia fraudulenta logró hacer bajar el precio del ETH, de $330 a $290, cerca de un 12%.

Hace pocas semanas otra noticia disparó el precio del ONIX (ONX), una criptomoneda venezolana. Los dueños de la compañía firmaron un acuerdo para operar en un centro comercial bastante grande en el país y esto logró que aumentara su capitalización de mercado, llegando incluso al doble en un par de horas.

Estar atento a las noticias, verificar Twitter, Facebook y páginas web especializadas es fundamental. Todo depende de cuál es nuestro objetivo como inversionistas. Mi asesor en *trading* dice: "Los inversionistas poco educados alimentan a los educados", o sea, 90% del mercado hace ganar dinero a ese 10% educado. Una buena sugerencia es buscar la información de primera mano y no entrar en pánico: yo me dedico a estudiar monedas a diario, leer sus *White Paper*, ver su página web y tratar de hablar con la gente que esté detrás del proyecto. Siempre hay que estar un paso adelante. Sé que no es fácil, muchas cosas pasan todos los días, pero intentarlo nos puede hacer ganar mucho dinero.

Análisis técnico

En el caso de las CM (y usando la página web Coin-MarketCap) podemos hacer un análisis técnico-matemático de la tendencia de una moneda. Dentro del propio *exchange*, casas de cambio, también hay herramientas analíticas que nos permiten ver o predecir el comportamiento de una moneda.

Si eres *trader*, te dedicas a adivinar o inferir el comportamiento de una masa de compradores con respecto a una CM determinada. Hay muchos tipos de análisis matemáticos, no voy entrar en esas honduras ya que no es mi experiencia, pero puedo nombrar a Bolinger, Fibonacci y Medias, entre otros.

Antes de invertir un montón de dinero en un *exchange* es necesario que usted haga varios cursos online. Muchos de ellos son completamente gratuitos e incluyen pruebas con dinero ficticio que permiten a los usuarios "jugar" al *trading* sin perder dinero real. Luego vaya a cursos presenciales, investigue y analice, construya su propia opinión y haga lo que más le guste. Use las herramientas y verifique cual se ajusta más a su estilo. No trate de comprar un Ferrari (así tenga el dinero) sin antes aprender a conducir en un Toyota.

4. Comunidades / Pirámides / Sistemas de inversión en red

Existen también varios grupos o comunidades que se forman con un fin común dentro del mundo del *trading*. En mi opinión es una manera de hacer *crowdfunding*, pero algunos los confunden con Esquemas de Ponzi o tipo pirámide, es decir, con una estafa. Estas empresas ofrecen rendimientos de hasta 100% de tu inversión en poco tiempo con la promesa de utilizar tus fondos para minería, *trading*, ICOs, desarrollos inmobiliarios y muchos otros.

Estas comunidades vienen de empresas que desarrollan un software que acepta alguna criptomoneda como base, BTC o ETH, por ejemplo. Otra característica es que se manejan en esquemas tipo red de inversión, que es parecido al esquema de multinivel o mercadeo en red. Hasta el momento, sin embargo, ninguna ha pasado mi prueba, ya que el mercadeo en red fija varios parámetros que debe cumplir una empresa para poder entrar en la Direct Selling Association, la institución encargada de admitir (o no) empresas de este tipo.

Estas empresas tienen esquemas binarios de crecimiento, sistemas de reuniones caseras en hoteles y pago de comisiones en varios niveles. Hasta allí llega el multinivel, ya que el producto que se vende o se representa (en todo caso) son participaciones en un *crowdfunding*.

Una persona con suerte puede entrar en estos sistemas en la primera etapa de crecimiento para obtener alguna ganancia. Los ingresos van desde $100 en adelante, dependiendo del plan (por supuesto que se puede invertir con más dinero). Mi sugerencia es la misma: averigua quién representa la empresa y dónde está minando en realidad. ¿Está haciendo *trading*? Si no tienes una respuesta convincente, mejor invierte en otra cosa.

Tengo amigos que han hecho muy buen dinero en estas empresas y, aparentemente, da resultado. Sin embargo, también conozco personas sin escrúpulos que fabrican empresas de este tipo sin tener ningún basamento ético ni legal.

En mi opinión estas empresas evolucionarán hasta que consigan mantener una estabilidad, algo así como lo que sucedió con la industria aeronáutica: "Para que un avión pudiera llegar de Los Ángeles a Hong Kong sin contratiempos ni molestias tuvieron que caer muchos aviones", sabias palabras de mi amigo JC.

Al terminar de escribir este libro sé de por lo menos 3 empresas que están arrancando este mes y de otras 5 que desaparecieron en los últimos 3 meses y dejaron a muchísimos usuarios e inversionistas sin respuestas. La oferta es virtualmente la misma: nonos pasivos, programas binarios, vehículos lujosos, relojes, viajes, etcétera. Las posibilidades de ganancia son variadas, pero al final es necesario hacerse "las preguntas que tumban la venta":

¿En qué invierten mi dinero?
¿Dónde se puede verificar la minería / *trading*?
¿Quiénes son los dueños de la empresa?
¿En qué país / ciudad están las oficinas principales?
¿Cuáles son los registros de la compañía?

5. ICOs

Las Ofertas Iniciales de Monedas, o *Initial Coin Offerings* en inglés, son las herramientas de moda en el mundo de los emprendimientos y el *crowdfunding*[18]. Ahora están entrando en Wall Street y logran funcionar debido a la facilidad en el intercambio y creación de una CM.

Al tener en nuestras manos un proyecto empresarial podemos fondearlo a través de un ICO de manera prác-

---

[18] El *crowdfunding* es un mecanismo colaborativo de financiación de proyectos.

tica, con carácter mundial, en vivo y sin intermediarios. Esto, por supuesto, también genera un riesgo: al invertir en un ICO unos $40 en ETH, ¿cuáles son las posibilidades de que el proyecto arranque o se hunda? Es una apuesta muy fuerte si careces de la información para evaluarlo. Puedes seguir estos pasos:

1. Lee el *White Paper.*
2. Investiga al equipo de desarrolladores y los directivos.
3. Evalúa el *ranking* en las páginas especializadas.
4. Factor *Feeling*: qué dice tu intuición.
5. Regla de Oro de la Inversión: no inviertas cantidades que no estés dispuesto a perder.

6. Tokens

Un token es como un ticket válido por un servicio. Es como cuando vamos a una verbena escolar: uno entra y compra (en moneda *fiat*) tickets válidos para la montaña rusa, la casa embrujada, comida, bebida, etcétera. Los tokens o fichas se transforman en monedas cuando ocurre el proceso de ICO. A mi parecer es similar al proceso de germinado de una semilla: cuando llegan a su madurez y logran crecer, se convierten en monedas.

ERC20 / ERC720 / ERC223

ERC es un protocolo (como el HTTP) que permite recibir múltiples tokens dentro de una cartera de ETH, es decir, es una cartera de ETH que recibe tokens de diversas ICOs. ERC también define ciertas reglas o patrones para lanzar o introducir tokens en la red de ethereum.

ERC significa *Ethereum Request for Comments*, que en español traduce algo así como "Solicitud de Ethereum para Comentarios". La idea es crear las fichas y lograr que germinen dentro de la red ethereum hasta que logren ser monedas. El número que está después de ERC sirve para identificar el protocolo que se está usando, como una cédula o un RIF. Por ejemplo, algunos tokens utilizan el protocolo ERC20, mientras que otros más nuevos utilizan o se han actualizado para cumplir con el protocolo ERC720.

Estos tokens son criptoactivos o CM que se comportan como el BTC o el ETH: se pueden vender, comprar, canjear, etcétera; pero es necesario que vivan en el ecosistema de ethereum y cumplan con las condiciones de la red.

Diferencias entre ERC20 Tokens y CM

Los tokens ERC20 no tienen aún su propio BC y sobreviven en la red de ETH. Por ello, para poder canjearlos o utilizarlos en *trading* necesitas algo de GAS[19]. El token pasa de una cartera de ETH a otra del mismo formato y la transacción aparenta haber sido por cero ETH, pero sí hay un intercambio de tokens de ERC20.

Lo importante es tener una cartera (Myetherwallet, Metamask y Coinomi) de ERC20 para germinar estas fichas que pronto serán CM oficiales con cotización y método e intercambio, es decir, van a valer dinero real.

---

[19] GAS es el costo que implica realizar una operación o un conjunto de operaciones en la red ethereum.

7. Sistemas de Promoción de CM o lo que está al Final del Arcoíris

Existen páginas web que ofrecen tokens de monedas en formación solo por realizar algunas tareas como seguirlos en Twitter, Facebook y otras redes sociales. Otras veces te piden que entregues tu email para un *mailinglist*, así como también te piden que accedas a un grupo de Telegram para que estés atento a sus avances.

Una vez que cumples con sus tareas te dan como premio AirDrop o Polvo de Hadas: tokens que debes rescatar a través de una cartera de ETH ERC20 que los acepte y los transforme en su valor en ETH. Luego, cuando pasan la etapa del ICO, estos tokens se transformarán en las monedas reales que el proyecto anunció. Sígueme en Instagram (@luisrafael777) y escríbeme un mensaje directo para enviarte instrucciones de cómo ganar tokens de esta forma. La clave: ¡dime algo como "enséñame a abrir una pinche cartera ER20", y yo sabré que leíste mi libro!

8. Picos y palas

Esta forma de ingresar dinero a tu cartera es mi favorita. Requiere mucho ingenio y acción para hacerlo bien. Durante la fiebre del oro de California en el siglo XIX hubo muchas personas que hicieron fortunas sin sacar un gramo de oro. ¿Quiénes? Los vendedores de picos, palas, cuerdas, carretas... Me parece que en este mercado hay mucha gente queriendo invertir en minería: cada máquina puede costar entre 2000 y 6000 USD dependiendo de la marca, modelo y lugar de compra. Hay mucha especulación con estas máquinas, pero he logrado darme cuenta de que alrededor de este negocio también hay oportunidades para las personas que son ingeniosas e imaginativas, tanto en hardware, como en software.

9. Máster de nodos

La primera CM que implantó este modelo fue DASH, una moneda que se puede intercambiar rápidamente porque las transacciones son pequeñas. Los inversores la guardan en una computadora programada específicamente para este fin, para ello descargan el software y el monedero. Las monedas que allí se almacenan no se pueden mover y cada vez que el sistema necesita de tu ayuda, se conecta a tu red y te pagan una recompensa. Podríamos compararlo con los plazos fijos que ofrecen los bancos. Los másteres de nodos garantizan la estabilidad de una CM.

CAPÍTULO V

¿CÓMO GUARDARLAS?

Lo que hace interesante a una nueva tecnología son sus aplicaciones en la vida diaria. Es la única forma de que prospere. Las CM se guardan en "las carteras", una de las primeras aplicaciones que iniciaron esta segunda etapa. Sin embargo, ahora es cuando su interfaz es amigable para los usuarios.

Con el nacimiento de las *altcoins* para intercambiar CM, el siguiente paso inexorable es la creación de las DApps (aplicaciones de registro distribuidor), y en el futuro, la adopción de las DLT y el uso intuitivo de su cartera.

Carteras y *wallets*

En este ecosistema existen carteras y monederos. No hay billetes ni billeteras. La diferencia entre carteras y monederos es sencilla: en una cartera de mujer, ¿qué puede entrar? Cualquier cosa de valor. Así funciona la cartera de CM, en ella entran contratos inteligentes, propiedades, tokens, criptomonedas e, incluso, ya existen algunas que pueden tener cupones, barajitas deportivas, entre otros. Los monederos, por otra parte, son solo para monedas, criptomonedas en este caso.

Carteras offline

Son aquellas que pueden funcionar fuera de la red y solo se conectan para hacer una operación. Son útiles para resguardar el valor en períodos largos y tienen formas de recuperación de los fondos en caso de pérdida. Como siempre, hay que guardar las llaves privadas de forma segura para no ser víctima de pérdida o robo.

Carteras online

Las carteras y monederos *online* funcionan a través de la red de internet, al estilo de los correos Gmail, Yahoo y Hotmail. Es decir que te puedes conectar a tu cartera de forma remota desde cualquier dispositivo, ya sea PC o móvil.

Enséñame a abrir mi "pinche" cartera

Lo que comenzó como una broma se transformó en el *hashtag* #PincheCartera. Ya no me preocupa que nadie se ofenda. Hasta me da gracia. Pero si logro mi objetivo de ayudar a un millón de personas a abrir su "pinche" cartera de CM, seré feliz.

En una de mis conferencias dije que lo único que necesitas para entrar en este mundo es abrir una cartera, y es así: las CM no solo democratizan el uso del dinero, sino que lo deshumanizan. Lo único que necesitas es un correo electrónico. Yo recomiendo usar un email libre, tipo Gmail, ya que siempre puedes acceder a él.

Existen muchos tipos de carteras, *wallets*, billeteras y monederos para agilizar y tener un glosario. Yo prefiero la cartera: las hay físicas, web, para el móvil... son súper prácticas, seguras, multimedia... hay algunas que reciben miles de moneda, eso abre un abanico de oportunidades para emprendedores y empresas que deseen ampliar sus productos y ofrecer beneficios. Así como existen TDC de miles de cosas como equipos de fútbol o béisbol, así habrá miles de carteras que darán mejores servicios. Tal como lo señala Al Ride en su libro *El origen de las marcas:* las carteras evolucionarán en función de los usuarios, las características de practicidad y el uso. Afinen el ojo y tengan la que más les convenga.

Nota: es tu responsabilidad absoluta mantener tus llaves y claves privadas de acceso al email, al igual que las carteras de CM. Mantén tu información segura.

CAPÍTULO VI
¿CÓMO INTERCAMBIARLAS?

Exchange /Casas de cambio
Es un sitio web en el que puedes comprar, vender o cambiar CM por otra CM o monedas *fiat*.

Fiat a CM a fiat
Existen varias opciones, cada una con sus ventajas y desventajas. La idea es pasar de moneda *fiat* a criptomoneda. Ya las hay *fiat* BTC y *fiat* ETH, que son las dos más fuertes. Pero, en todo caso, cada CM puede ofrecer fórmulas para cambiar de *fiat* a CM. El onix es un ejemplo: esta CM venezolana ofrece, a través de su página web, la opción de recibir bolívares para comprar su CM.
La página más usada actualmente es LocalBitcoins. com, que funciona con una plataforma de subastas con arbitraje de las partes a través de LocalBT. El sistema opera comprando y vendiendo BTC e intercambiando por moneda local. Está muy bien diseñado, a pesar de que aún las comisiones son algo altas, pero ha tomado auge y se puede confiar en los otros usuarios a través de un sistema de reputación y cantidad de operaciones. Lo he usado y está muy bien. Las operaciones se hacen rápido. A mi me han tomado menos de 15 minutos.

CM a CM

En este caso hay cada vez más *exchanges* que ofrecen diversos servicios de intercambio de CM a otras CM. Cuando las monedas son muy nuevas, ellos mismos hacen sus casas de cambio. Por ejemplo, supongamos que yo desarrollo una criptomoneda bautizada como "LuisCoin". Yo mismo podría crear un *exchange* y decidiría qué CM se cambiarán en mi *exchange*, en este caso elegiría que fuera "LuisCoin" y bitcoin. Es decir que cuando la gente desee comprar "LuisCoin", deberá entrar en esa casa de cambio con bitcoins. Ojo: en la medida en que una moneda está en más casas de cambio tiene más usabilidad. Imagínate que estás en una casa de cambio en la que hay 1.600 CM. Eso sería buenísimo porque puedes intercambiar por cualquier otra.

CAPÍTULO VII
¿SON LEGALES?

En general las tecnologías van mucho más rápido que las regulaciones, leyes y derivados, sobre todo si estamos hablando de capitales, dinero e información. Vean lo que ha sucedido con el internet. Ha sido muy difícil regularlo. Más bien es observado muy de cerca por algunos países. Hay gente que habla de una Guerra Fría moderna vía internet, ataques de *phishing* masivo, elecciones en Estados Unidos manipuladas por hackers, etc.

El internet es tierra salvaje

Imaginen ahora que podemos transar dinero a través de las DLT, del BC y la creación de más de 1.600 CM. No está fácil para los estados.

Obviamente la prevención de la legitimación de capitales es fundamental, así como controlar el blanqueo y evitar el financiamiento del terrorismo en todas sus formas.

Ahora bien, en un ámbito más neutral y cotidiano, las DLT y las CM están diseñadas para el anonimato de las direcciones a través de la criptografía. Esto sirve para dar confianza a la red, pero también colabora con los malintencionados. Es un trabajo muy difícil.

Posiblemente existirán regulaciones alrededor de las CM o de las DLT. Sin embargo, al ser sus naturalezas *open source*, descentralizadas, no podrán normalizarlas, pues la programación o el cambio en algún modelo o característica están sujetos a un consenso de la red.

Por ello, en mi opinión, será muy difícil o imposible regular una CM. Ahora bien, un gobierno o un grupo de gobiernos podría regular un *exchange* o ciertas *wallets*. Es decir que pueden regular el uso o las aplicaciones alrededor, pero con la CM como tal es complejo.

CAPÍTULO VIII

CONTABILIDAD

En mi país los contadores son los que se han visto más afectados con el tema de las CM. En diciembre de 2017, el presidente Nicolás Maduro anunció la creación del Petro, una CM promovida por el propio gobierno. Como una estrategia para que esta moneda tenga algún tipo de usabilidad y pueda competir contra las 1.600 CM restantes, la idea es que cubra el sector turismo, en la frontera para el pago de la gasolina, las aerolíneas... Todo este panorama puso a correr a los contadores.

En mis conferencias la mayoría de los asistentes son contadores, quienes tarde o temprano deberán incluir en los balances una CM. A pesar de que no soy uno de ellos, he tenido que hablar con estudiantes del último año de Contaduría de la Universidad de Carabobo y siempre les explico dos claves fundamentales:

Moneda funcional

La moneda funcional es un concepto que tomé de mi amigo José Hernández. Comencemos con un ejemplo: si tu empresa es una línea aérea que viaja de Caracas a Bogotá, ¿cuál es la moneda que usarán en los estados financieros? Esto no tiene nada que ver con la moneda con la que pagas el IVA. Simplemente es una moneda funcional. En el caso de Venezuela, Onix es una empresa que trabaja y produce sus propias CM, ellos les pagan a sus empleados y proveedores en onix, por lo que esta es su moneda funcional.

Definición de un nuevo activo
Imagínense que un extraterrestre llega a la Tierra, los biólogos del mundo se van a concentrar en definirlo. En nuestro caso todos quieren saber qué es una CM y la respuesta es muy sencilla: es un activo. Es una nueva forma de pago, como la TDC, el cheque, el efectivo… A nivel contable propongo que se use el BC como moneda base para hacer las conversiones.

CAPÍTULO IX
EL FUTURO

Lo que a veces comienza como una moda se transforma en tendencia. Cuando compré mi primer celular, un Motorola mini "bloque", recuerdo que mucha gente decía que eso no iba a funcionar. ¿Quién quiere estar con un teléfono al lado todo el día? Ahora imagine su mundo, hoy siglo XXI, sin un teléfono móvil. Sería casi imposible.

La verdad es que lo que parecía una moda se transformó en tendencia global. Actualmente hay más móviles que gente en el mundo.

En este sentido cada avance tecnológico es adoptado por un pequeño grupo, sobre todo si es muy disruptivo. No hablo de usar zapatos de goma con un traje. Hablo de transformar un monopolio que tiene más de cuatro siglos: el monopolio de la moneda. No a todos les va a agradar esto de las DLT y las CM. En Psicología existe una teoría para asimilar una pérdida, que es totalmente aplicable al proceso que vivimos con el BC y las CM.

Las 5 etapas del duelo

Negación
En principio yo mismo fui víctima de "eso no es dinero", "¿bitcoin? Dinero de nerds". La risa me duró poco. La primera vez que me hablaron de bitcoin estaba a

unos 500 USD por BTC. Cuando entré a invertir y a ver más de cerca, ya rondaba 1.600-1.800 USD por BTC. Todo el que ve por encima una nueva tecnología, como es tan disruptiva, puede, al no entenderla, pensar que no existe o que no le va a afectar.

Ira

La ira es peligrosa y mala consejera. Es una etapa en la que hay persecución o gente presa. Así que escucharemos comentarios como: "ustedes son terroristas" o "eso sirve para lavar dinero". En algunos países, tratando de defender sus preciadas monedas nacionales, han prohibido las CM. Recordemos qué sucedió con el infame ex presidente de Zimbabue Robert Mugabe: después de tomar muy malas decisiones en el ámbito económico llegó al punto de prohibir la inflación. Pero hay procesos y tecnologías que son imparables.

¿Cómo se puede prohibir el internet que, de hecho, es un derecho humano de acuerdo con la ONU? Tenemos derecho a decidir en qué invertir nuestro dinero bien ganado, pagar nuestros impuestos y prosperar. Ojalá pasemos por esta etapa rápidamente. Las DLT y las CM llegaron para quedarse. Aún no son perfectas. Pueden mejorar. Pero tengamos calma y cordura. Analicemos la tecnología, la matemática que está en el fondo, y nos daremos cuenta de que tiene sentido.

Depresión

La depresión viene cuando nos damos cuenta de que algo es inevitable y que no se puede cambiar. Según el

Principio Satir (Virginia Satir[1], 1940), el ser humano pasa por esos momentos de crecimiento solo si logra sobrevivir la prueba del más profundo dolor. Luego viene el aprendizaje.

Cuando haya cambios tan disruptivos, veamos la historia de la depresión de los años 20-30 en Estados Unidos, hay una redistribución de las riquezas. "Los que estén preparados observen la historia", decía Winston Churchill. Los procesos humanos son cíclicos. ¡A prepararse! Hay oportunidades que pueden ser únicas en nuestras vidas.

Negociación

La negociación llega con la conciencia de que ya estamos en el cambio. Negociar siempre es mejor que litigar. Habrá empresas y gobiernos que tratarán de negociar, hacer BC a su medida, CM nacionales con dejos del pasado. Es inútil luchar, negociar es mejor.

Aceptación

Ya hay países que han pasado a la aceptación. México ya aprobó la Ley Fintech; Israel, Alemania y Japón han dado libertad a sus ciudadanos para que las usen. Van a generar impuestos a la hora de comprar, tipo IVA, una forma que me parece más sana. El G20 dijo hace poco en un comunicado que en tres meses dará su opinión al respecto.

El mundo está entendiendo que las DLT y las CM llegaron para quedarse; no para destronar al euro,

---

[1] Virginia Satir es una de las precursoras del PLN (programación neurolingüística). A principios del siglo XX desarrolló el Principio Satir, que nos habla sobre el proceso de cambio de las personas.

al dólar o al yen, sino para que simplemente las CM coexistan ante otras formas de comunicación.

A nadie le gusta que le impongan una forma de comunicarse. Recuerdo que en algún momento se intentó usar un idioma, el esperanto, en reuniones internacionales de la ONU. Pero al final prosperó el inglés, a pesar de que el español es más usado en el mundo. Veremos cómo va eso, sobre todo con la cantidad de chinos que existen.

Tenemos la libertad de decidir en qué moneda guardar nuestro capital. Una moneda que nos sea rentable y tenga las características más cercanas del dinero real, que son el oro y la plata: medios de intercambio, unidad contable y sobre todo guarda de valor por largo tiempo, algo que nuestras monedas nacionales no han aprobado en la historia. Les invito a que estudien qué moneda nacional ha sobrevivido más que el oro en un largo periodo. En mi opinión no existe.

Lo que viene...

Cada avance tecnológico trae consigo varias etapas. Algunos teóricos hablan de tres:

Primera: Earlyadopters

Los *earlyadopters* son los que llegan primero. Generalmente son los técnicos o amantes de la tecnología de punta. En el caso de las CM, el factor político también juega un papel importante. Hablamos de las características del BTC, anonimato o uso de pseudónimos para las cuentas, descentralización y bajo o nulo coste de transacción, aparte obviamente del factor seguridad de transacciones a través de la resolución de los dos problemas base, de los que ya hemos hablado bastante: doble pago y el BFT. El punto es que los primeros en llegar y formar la red inicial fueron los nerds y los anarquistas. Siendo exagerado, simplemente personas con conocimientos profundos de criptografía y computación. No fue sino hasta 2010-2011 cuando empezó la segunda etapa.

Segunda: aplicaciones prácticas
Para que el BTC tenga sentido debería pasar de la teoría a la parte práctica. Al ser un tema tan complejo, incluso para los genios, se requeriría la aparición de tres ingredientes: las casas de cambio *exchanges*, las *wallets* y la receptividad y el uso en el comercio en general.

Las casas de cambio son necesarias para transformar la moneda *fiat* en CM, y luego de la aparición de más de 1.600 CM, para trasladarse dentro del ecosistema entre otras CM. Ahora mismo sé que existen más de 10-12 *exchanges* en formación, y ni hablar de la cantidad que ya hay en el internet.

Tendremos una batalla por ser el líder en este mercado. Veremos una lucha frontal, *hackeo*, desacreditación y hasta a los gobiernos lanzando *exchanges* "licenciados". Tratarán de regularlos y al final el mercado optará, como siempre, por lo más rápido, confiable, seguro y, por supuesto, más económico de convertir su dinero *fiat* a CM.

Las *wallets* y los monederos tendrán su propia lucha también. Es necesario un sitio donde resguardar tus

CM. Recuerda que algunas CM están diseñadas para ser guarda de valor. Esto traerá otra batalla campal: las comisiones, los tipos de servicio, los usos, las plataformas. Todos vendrán a ofrecer villas y castillas para que dejes tu CM en sus *wallets*. Será divertido y enriquecedor para algunas industrias y peligroso para otras.

Ya existen páginas web que están aceptando pagos en CM. Las del ecosistema son las obvias. Para compra de hardware y software relacionado con las DLT, empresas que hacen caridad y empresas sin fines de lucro las seguirán. La cosa se pondrá muy buena cuando Amazon, eBay, Google y Apple adopten el sistema. Eso logrará un boom en el mercado. Prometo diversión y tendremos mejoras en los servicios. Pero como todo cambio disruptivo, vendrán empresas nuevas a tomar mercados que otras desaprovecharon.

Tercera: adopción general, masificación
Tendremos monedas para todo. Habrá monedas para comprar en el mercado, en la gasolinera, nuestras casas tendrán sus propias monedas, generarán ingresos, paneles solares, pozos de agua generando agua *coins*, aire *coins* haciendo energía a partir de molinos, contratos inteligentes que serán propiedades inmobiliarias, condominios inteligentes sin presidentes ni juntas obligatorias fastidiosas para ver las caras de nuestros vecinos. Todo por consenso. Todo en un blockchain, centros de votación, identificación, historial médico. Nos podremos dedicar a ser y a hacer lo que más nos guste.

Nuevas profesiones

Así como habrá cientos de profesiones que desaparecerán o se transformarán, también habrá nuevas profesiones. El Dr. Carl Benedikt Frey predice en su libro *The Future of Work* que tendremos muchas profesiones que pasarán de moda o que dejarán de existir a raíz de las nuevas tecnologías.

Negocios mundiales desde el día uno

Con los ICOs y prelanzamientos de monedas se genera una oportunidad de oro. Si sabes mercadear, vender tu producto o servicio, lo podrás incorporar a un ICO que podrá levantar capitales de todo el mundo. China ya está regulando estos ICO porque, como todo, algunos se han mostrado de dudosa procedencia o irresponsabilidad. La confianza prevalecerá y será fácil de identificar los negocios de poca o ninguna credibilidad.

Estemos atentos como padres de familia cuidando nuestro capital de tal amenaza. Pero si los proyectos a financiar están bien fundados y con ideas innovadoras, tendremos la posibilidad de apoyar o ser apoyados por pequeños inversionistas de todo el mundo. Siempre y cuando demos las condiciones claras y tengamos las ideas al día, se presentan oportunidades mundiales desde el día uno.

Hashgraph, ¿disrupción al blockchain?

Como todas las tecnologías nuevas, hay en el horizonte nuevos proyectos en desarrollo, como Hashgraph, que para el momento en que escribo está asegurando que moverá el mundo blockchain y cambiará las DLT. La promesa es un nuevo orden de consenso. En vez de PoW, trabajan en función del *gossip* y un sistema de votación. Será más rápido que el PoW y a lo mejor energéticamente más amigable.

Según sus proyecciones, comparan la red blockchain y la red hashgraph con una tortuga y un carro de Fórmula 1. Hasta hace poco el mundo estaba dominado por la red Blackberry (BB) y pensábamos que era lo mejor. Pero una nueva tecnología destronó el dominio de los BB y su famoso pin. ¿Veremos lo mismo con este mercado de las DLT?

CONCLUSIONES

Manejo del riesgo

El riesgo vive en cualquier área de negocios que emprendas. Hay gente buena con buenas ideas en este mundo. También hay gente que querrá sacarte el dinero de tu *wallet*, así que avezado, activado y pendiente de quien quiera tu dinero para invertir. Has todas las preguntas, todas. Desarrolla tu propia opinión. Esto es muy nuevo y no hay mucho tiempo que perder.

Un millón de personas fuera de la pobreza

Llegar a un millón de personas es una meta grande. Tengo el apoyo de mis amigos y mi familia. A quien le llego con la idea me mira con cara de ¿en serio? Pero al hablar por unos minutos tiene sentido.

En mi país sobrevendrá una expansión después de esta depresión económica. Basta con estudiar la historia. Muchos me dicen loco o soñador, pero tengo la convicción de que vendrá. Es inevitable. Después del más crudo invierno viene la primavera.

En otras latitudes también habrá explosión de ingenio. Un chico de Perú podrá lanzar una idea que hará un cambio en el mundo; y otro de Camboya podrá bancarizarse a través de las CM y montará un pequeño negocio.

Las CM y el BC democratizarán el uso y la tenencia de dinero. La banca internacional tendrá que adaptarse y prestar mejores y más rentables servicios. Los que no lo hagan se las verán mal. Amanecerá y veremos.

Si logramos que millones de personas que no están bancarizadas, que no tienen acceso a dinero de verdad, consigan créditos a través de las CM, tendrán medios para lograr prosperidad. A través de aplicaciones, software y mercados globales será posible una mejor distribución de la riqueza del internet. El juego comienza. Actívense.

SIGLAS

BC	Blockchain
BFT	Byzantine Fault Tolerance
BTC	Bitcoin
CM	Criptomoneda
DLT	*Distribuited Ledger Technology/* Tecnologías de registro distribuido
ETH	Ethereum
P2P	*Person to Person* / Persona a persona
PoS	*Proof Of Stake* / Prueba de tenencia
PoW	*Proof Of Work* / Prueba de trabajo

GLOSARIO

AirDrop: tokens que debes rescatar a través de una cartera de ETH ERC20 que los acepte y los transforme en su valor en ETH.

AltCoins: criptomonedas alternativas al bitcoin. Entre ellas: ADA, Ziliqa, EOS, Ethereum.

BFT: las fallas en el consenso bizantino son especialmente peligrosas para las DLT porque no hay una autoridad central que las pueda reparar. Si algunos miembros de la comunidad envían información inconsistente a otros sobre las transacciones, la fiabilidad de la cadena de bloques se rompe. Entonces, a menos que pueda confiar absolutamente en todos los que participan en su blockchain (que no puede en la mayoría de las situaciones), necesita una forma de protegerse contra las fallas bizantinas.

Bitcoin: es la primera moneda digital, creada por Satoshi Nakamoto.

Blockchain: es una cadena de bloques creada para transferir CM. Sirve como notario público no modificable de todo el sistema de transacciones a fin de evitar el problema de que una moneda se pueda gastar dos veces.

Código QR: es un gráfico que se transforma en letras y números cuando la computadora lo lee. Las carteras de CM tienen unos códigos alfanuméricos para su identificación, esa es la llave pública. Hay dos formas de pasar esta llave, una de ellas es a través del código QR.

Contrato inteligente: es una de las formas más fáciles para intercambiar bienes y servicios porque tiene la capacidad de cumplirse de forma automática una vez que las partes han acordado los términos. El contrato se sube a una red DLT. Ejemplo: podemos subir a estas redes un testamento, documentos de propiedad, entre otros.

Criptoactivo: conjunto de las criptodivisas y otras formas de bienes y servicios que utilizan la criptografía (y por extensión la tecnología blockchain) para funcionar. Los más conocidos son las criptomonedas, pero hay otros como contratos inteligentes y tokens.

Criptografía: algoritmos, protocolos y sistemas que se utilizan para proteger la información y dotar de seguridad a las comunicaciones.

Criptomoneda: moneda digital basada en la criptografía.

DApps: aplicaciones de registro distribuidor.

DLT: es la distribución de registro de transacciones en una red de dispositivos. Buscan dar solución a los problemas básicos de la transferencia de valor a través del internet. Hasta ahora han implementado el pago doble y el consenso (consenso bizantino) dentro de una red pública, mediante la criptografía, que es capaz de replicar los datos de forma segura.

Ethereum: es una plataforma descentralizada para crear servicios en línea mediante blockchain, basados en contratos inteligentes. Tiene su propia moneda: ether, la segunda más importante, después del BTC.

Exchange: intercambio entre monedas fiat y CM o entre las mismas CM.

Gas: unidad más pequeña de ETH.

Halfing: una reducción a la mitad de la cantidad de BTC que se minan a diario cada 4 años, con el fin de proteger la moneda de la inflación.

Hash: la unidad de minado de una máquina // un algoritmo matemático que transforma cualquier bloque arbitrario de datos en una nueva serie de caracteres con una longitud fija. Independientemente de la longitud de los datos de entrada, el valor hash de salida tendrá siempre la misma longitud.

Hashgraph: es una alternativa que busca permitir ampliar el rango de operaciones a más de 50.000 por segundo. A diferencia del blockchain que solo permite entre 100 y 200 operaciones por segundo.

#Hodl: en español "mantener", lo que significa que no debes desesperarte y siempre mantener tu adquisición en CM porque si bien hoy pueden estar muy baratas, mañana el panorama cambia y se triplica tu inversión. En este caso está mal escrito (debería ser "hold") porque en un momento de baja del BTC un tuitero, en medio del apuro, escribió #Hodl, a partir de allí se popularizó el hashtag.

Rigs: sistema de computadora usado para minar BTC. El equipo puede ser construido específicamente para la minería o puede ser una computadora que satisfaga otras necesidades y se utilice para minar solo a tiempo parcial.

Satoshi: unidad más pequeña de BTC.

Tecno-BlaBla: toda la información técnica que lo único que hace es marear al usuario.

Wallet: es una billetera electrónica o digital en donde guardas tus CM.

White Paper: es un documento, de poca extensión, que se publica con el fin de ayudar a los lectores a comprender un tema, resolver o afrontar un problema. Cada criptomoneda tiene su respectivo *White Paper*.

PÁGINAS WEB DE INTERÉS

CoinMarketCap.com: el Google de las CM, encontrarás todas las cotizaciones, las casas de cambio y la información de cada moneda.

Bitcoin.org: página oficial del BTC.

Monedario.com: escuela de CM donde aprenderás todo sobre ellas.

Elnakamoto.com: CM en tu idioma.

ÍNDICE

Criptomonedas. La nueva Economía Digital
del escritor LuisRafael Pereira-Berti se terminó
de imprimir en julio de 2018, en los talleres de la
Fundación Editorial Negro sobre Blanco.
La edición consta de un tiraje de 200 ejemplares.

www.ingramcontent.com/pod-product-compliance
Lightning Source LLC
Chambersburg PA
CBHW061249140726

47998CB00006B/2166